AF357756

NOTICE

DE

LIVRES ANCIENS

**Estampes de J. Callot, de la Belle, Lucas de Leyde
et autres,**

Portraits et Vues d'Amérique, Vues de Suisse, etc., etc.

Dont la vente aura lieu

Le Samedi 9 *Janvier* 1869, *à sept heures du soir,*

RUE DES BONS-ENFANTS, 28

(Maison Silvestre)

Par le ministère de Mᵉ J. BOULLAND, commissaire-priseur,
Rue Neuve-des-Petits-Champs, 26,

Assisté de M. A. CLAUDIN, libraire, 3, rue Guénégaud,
Chez lequel se distribue la présente Notice.

PARIS

A. CLAUDIN, LIBRAIRE, RUE GUÉNÉGAUD, 3.

1869

ORDRE DE LA VACATION.

Nᵒˢ 94 à 99. — Nᵒˢ 100 à 146 (Estampes et livres à gravures). — Nᵒˢ 1 à 93.

5 % en sus des adjudications.

Les livres sont vendus comme complets et en bon état; les défectuosités, s'il s'en trouve, seront soigneusement indiquées.

N. B. — On vendra au commencement et à la fin de la vacation plusieurs lots de livres non portés au catalogue.

NOTICE

DE

LIVRES ANCIENS

1. Concordata inter Leonem Papam X et Franciscum Primum. *Parisiis, Galiot du Pré*, 1551, in-12, v. fauve.

2. S. Niersetis preces xxiv linguis. — *Venetiis*, 1837. Portrait, in-12, v. jaspé, tr. dor.

3. Commène (Fr. V.). L'harmonie du monde, Dieu, sa nature et son essence. *Paris*, 1671, in-12, v. br.

4. D'Orléans (P. J.). Vie du B. Louis de Gonzague. *Tours*, 1685, in-12, v. br.

5. Spinosa. Réflexions curieuses d'un esprit désintéressé, etc. *Cologne (Elzevier)*, 1678, pet. in-12 mar. v. tr. dor. (*Anc. Reliure*).

   Bel exemplaire avec les deux titres.

6. Fortin de la Hoguette. Testament ou Conseils fidèles d'un père à ses enfants. *Paris*, 1661, in-12, v. br.

7. Savary. Morale de Mahomet. *Paris et Constance*, 1784, in-18, dos et coins de mar. br., grand papier, non rogné (*Capé*).

8. Exposition de la Loi naturelle, par l'abbé B. *Paris*, 1767, in-12, mar. br. tr. dor.

9. Charron. De la Sagesse. *Leyde, chez Jean Elzevier, sans date,* pet. in-12, mar. r., fil., tr. dor. (*anc. reliure*).

> La plus belle et la plus rare des éditions elzéviriennes de ce livre.

10. Senecæ utriusque sententiæ. *Antuerpiæ*, 1576, in-12, cuir de Russie, tr. dor.

> Cet exemplaire a fait partie de la bibliothèque particulière de l'EMPEREUR NAPOLÉON Ier. — Le volume faisait partie de la vente des livres de Napoléon, faite à Londres, et y fut acheté par le savant Mitford, auteur d'une *H'stoire de la Grèce*, ainsi qu'il est attesté par une note de ce dernier.

11. Sénèque. Des Questions naturelles, traduction de Du Ryer. *Paris*, 1659, in-12, v. br.

12. Rorarius. Quod bruti melius homine ratione utantur. *Parisiis*, 1648, in-8, v. marbr.

13. Coutumes de la Prévosté et Vicomté de Paris. *Paris*, 1660, in-12, v. br.

14. Boèce de Boot. Le parfait Joaillier, ou Histoire des Pierreries. *Lyon*, 1644, in-8, fig., vél. (*Bel exemplaire*).

15. Ste-Marie-Magdeleine. Traité d'horlogiographie, etc. *Lyon*, 1691, in-12, fig., v. br.

16. Fournier. Manuel typographique. *Paris, Barbou*, 1764. 2 vol. in-12 fig., v. marb., fil.

17. Fournier. Les Caractères de l'imprimerie. *Paris*, 1764, in-12 fig., v. br.

18. Est. Dolet. La Manière de bien traduire. Lyon, 1540, — autres opuscules de Dolet, et son procès. *Paris, Techener*, 1836, in-12, dem. rel., mar. r. tr. dor.

19. Oudin (César). Refranes o proverbios Castellanos, traduzidos en langua francesa. *Paris*, 1659, in-12, vél.

20. Méthode facile pour apprendre l'hist. d'Angleterre. *Paris*, 1697, in-12, mar. rouge, tr. dor. (*Anc. reliure.*)

21. Fleury. Traité du Choix des Etudes. *Paris*, 1687, in-12, v. br. (*Edition originale*).

22. Chronique des Roys de France, depuis Pharamond. *Paris,
Galiot du Pré*, 1550, in-8, d. rel., v. vert.
   Édition rare avec de curieuses gravures.

23. Bossuet. Discours sur l'Histoire universelle. *Suiv. la copie*, 1681, in-12, mar. r. tr. d.
   Bel exemplaire de l'édition elzévirienne, la première en petit
   format, et faite la même année que l'édition originale.

24. Bossuet. Oraisons funèbres de la Reine d'Angleterre, et
de Henriette Anne d'Angl., sa fille; 3ᵉ édition. *Paris*, 1680,
in-12, v. br.

25. Mémoires de la Reine Marguerite. *Paris,* 1628, in-8, v. f.
fil. (*Thouvenin*).
   Édition originale. — Quelques taches.

26. Tacitus. *Lugduni Bat., Elzevier*, 1642, pet. in-12, vélin.
   Bel exemplaire de 135 millimètres, de la meilleure édition elzévirienne.

27. Cicéron. Les Académiques. Traduction de David Durand.
Londres, 1740, in-8, cuir de Russie, *non rogné.*
   Exemplaire provenant de la collection Renouard, ayant le titre
   de la main de D. Durand lui-même, et en marge de nombreuses
   notes de sa main, le tout préparé par David Durand pour une nouvelle édition.

28. Volney. Considérations sur la guerre actuelle des Turcs.
Londres, 1788, in-8 vélin.

29. Gérard-Boate. Hist. naturelle d'Irlande. Paris, 1666, in-12,
mar. rouge, tr. dor. (*Anc. reliure*).
   Exemplaire du duc de Sussex.

30. Appel de l'Angleterre touchant la secrète cabale assemblée
à Whitehall. *Amst.*, 1673, in-12, v. br.
   Édition elzévirienne.

31. Gumble. Vie du général Monk. *Londres (Hollande, Elzév.),*
1677, in-12, v. br.

32. Historia del Cid Campeador. *Cordoba, s. d.* in-4. Fron-
tisp., br.

33. Pierrugues. Glossarium Eroticum linguæ latinæ. *Parisiis,*
1826, gr. in-8, dem. veau fauve.
   Bel exemplaire relié sur brochure provenant de la vente Capé.

34. Ribsch disceptatio (en prose et vers) an sit uxor ducenda
(doit-on se marier ?). *Nuremberg*, 1509, in-4, goth., v. fauve,
à fil.

35. Nugæ Venales et Pugna Porcorum. *Francofurti*, 1644,
in-12, curieux frontispice, vélin.

36. Epistolæ obscurorum Virorum. *Francofurti*, 1643, in-12,
vélin.

37. Facetiæ Facetiarum, etc. *Francofurti*, 1615, in-12, v. jasp.

38. Guillermi de Mara de tribus fugiendis, Ventre, Plumâ
et Venere. *Paris, S. Colineus*, 1521, pet. in-4, vél.

39. Il libro del Perché, la Pastorella del Marino, la Novella
dell'Angelo Gabriello, e la Putana errante di P. Aretino.
Pe-king, nel XVIII *secolo*, in-12, veau fauve à comp., tr. d.
Très-bel exemplaire.

40. Il Vendemmiatore e la Priapeia, sonetti lussuriosi di **N.**
Franco. *Pe-King, nel XVIII secolo*, in-12, veau jaspé, tr. d.,
non rogné.

41. Il Vendemmiatore del sig. L. Tansillo. *S. l. n. d.*, in-12,
mar. vert, tr. d. (*Bel exemplaire*).

42. Pallavicino. La pudicitia schernita. *Villafranca* (*Elzevier*),
1673, pet. in-12, v. fauve, fil., tr. dor. (***Bel exempl.***)

43. Il Fodero, o sia il jus sulle spose (Le droit de jambage)
delli antichi Signori. *Nizza*, 1788, in-12, v. br.

44. Landi. Vita di Cleopatra. *Vinegia, (Aldo)*, 1551, in-12,
mar. bl., tr. dor.
Quelques taches.

45. Martial d'Auvergne. Arrests d'amour. *Paris, l'Angelier*,
1555, ln-16, mar. la Vallière.

46. Dorat. Recueil de Contes (Les Cerises, etc.). *Paris*, 1776,
in-8, cinq charmantes figures d'Eisen, et vignettes, v.
marbr., tr. dor.

47. Le Pédant converti, etc. — Faut-il qu'un jeune homme
soit amoureux? *Paris, Cl. Barbin*, 1663, in-12, v. br.

48. Le Balai. *Constantinople, de l'impr. du Mouphti,* 1761, in-12,
d. mar. r., doré en tête (*Niédrée.*)

49. Histoire du prince Osman et du Sultan Jacaya. *Paris, E.
Loyson,* 1670, in-12, v. br.

50. L'Hermaphrodite de ce temps. *S. l. n. d.,* in-8, cart. non
rogné.

   Rare et curieux, légère mouillure.

51. Akerlio (pseudonyme de De Guerle). Eloge des Perruques.
Paris, an VII, in-8, d. v. br.

52. Boettiger. Sabine, ou Matinée d'une Dame romaine à sa
toilette. *Paris,* 1813, in-8, fig. avant la lettre, br.

53. Meibomius. De l'utilité de la Flagellation dans la méde-
cine et dans les plaisirs du mariage. *Londres (Besançon,
Métoyer),* 1801, in-8, dem. mar. bl.

   Edition rare, tirée à 30 exemplaires seulement.— Voir Brunet.

54. Le Blason des Basquines et Vertugalles. *Lyon,* 1563. *Ré-
imprimé par Pinard* en 1833, in-8, dem. rel. v., non rogné.
(*Bauzonnet.*)

   Réimpression à 50 exemplaires seulement. Celui-ci est l'un des
cinq tirés sur papier de Hollande.

55. Raillerie de Gros-Guillaume sur les affaires de ce temps.
S. l., 1623, in-8, v. fauve. (*rare.*)

56. L'Ambigu d'Auteuil, etc. *Paris,* 1709, in-8, v. br.

57. Swift. Le Conte du Tonneau. *La Haye,* 1759, 2 vol. in-8,
fig., v. br.

58. L'Art de péter, essai, théorique et pratique, etc. *En West-
phalie, chez Florent Q, rue.Pet-en-gueule, au Soufflet,* 1776,
in-8. Curieux frontispice, cart., non rogné.

59. Mosantii Briosii, poëmata latina. *Cadomi,* 1663, in-12, v.
Eorumdem poëmatum, pars secunda. *Cadomi,* 1669, in-12,
vélin.

   Ces deux parties des poésies latines de Moisant de Brieux se
trouvent rarement réunies.

60. Tiel Ulespiel, ses aventures, (en un poëme latin, par J.
Nemius). *Zutphaniæ,* 1641, in-12, vélin gauffré.

61. Pybrac, ses quatrains, (en latin). *Nantes*, 1650, in-12, cart.

61 *bis*. Desportes (Philippe). Cent Psaumes de David, mis en vers, et quelques prières et méditations chrestiennes. *Paris, Mamert Patisson*, 1598, in-8, réglé, v. fauve.

62. Regnier, ses Satyres et autres œuvres. *Paris*, 1661, in-12, v. br.

63. L'Eschole de Salerme, en vers burlesques. *Suiv. la copie imp. à Paris (Elzevier)*, 1651, pet. in-12, mar. bleu, tr. d.

Exemplaire grand de marge, d'un des Elzéviers les plus rares. Quelques taches.

64. Nostradamus, ses vrayes Centuries et Prophéties. *Paris*, 1668, in-12, vél.

Curieux frontispice représentant la décapitation de Charles Ier et l'incendie de Londres en 1665.

65. Molière, ses œuvres. *Amsterdam, Jacques le Jeune*, 1684, 6 vol. pet. in-12, v.

Cette édition comprend les œuvres posthumes dont le volume sert à compléter les deux précédentes éditions elzéviriennes données sous le nom de Jacques le Jeune en 1675 et 1679. Quelques mouillures.

66. Boileau, ses Œuvres. *Amsterdam*, 1722, 4 vol. in-12, fig. de Bernard Picart, mar. rouge, fil., tr. dor.

Exemplaire en ancienne reliure.

67. Destouches. Le Curieux impertinent. *Paris*, 1716, in-12, mar. vert, tr. dor. (*Edition originale.*)

68. Collin d'Harleville. L'optimiste. *Paris*, 1788, in-8, v. br. (*Edition originale*).

69. La déclamation théâtrale, poëme, et autres poésies. *Paris*, 1766, in-8, gr. pap., charmantes grav. et vignettes d'Eisen, v. marbr., fil.

70. Nouvelle moralité d'une pauvre fille villageoise qui aima mieux avoir la teste couppée par son père que d'estre violée par son Seigneur. *Paris, Simon Calvarin, s. d.* — Farce

joyeuse et récréative du galant qui a fait le coup, à quatre
personnes. *Paris*,1610. Et une chanson nouvelle. In-8, cart.
> Réimpression de Caron à 55 exemplaires. L'un des deux en
> papier rose.

71. Ballades, légendes et chants populaires de l'Angleterre
et de l'Ecosse. *Paris*,*Renouard*, 1825, gr. in-8, dem. v. br.
non rogné. (*Capé*).

72. Agnès, ou la petite joueuse de luth. *Paris*, 1852, in-18,
jolies grav. ajoutées, veau fauve. (*Bauzonnet-Trautz*.)

73. Agnolo, sacra rappresentatione di S. Francesco. *Firen-
za*, 1612, in-4, mar. r., tr. dor. (*Bel exemplaire*).

74. Berneri. Il meo Patacca, overo Roma infeste ne i trionfi
di Vienna. (contre les Turcs). *Roma*, 1695, in-8, mar. r. tr.
dor., non rogné. (*Lortic*).

75. Scelta di sonetti e canzoni de più eccellenti Rimatori d'o
gni secolo. *Bologna*, 1709, 3 vol. in-8, vél.

76. Turgot, manuscrit de sa main (vérifié sur ses mss. au-
thentiques à la Bibliothèque Mazarine), de sa traduction
des Idylles de Gessner, vers 1780, gr. in-8, mar. vert, tr.
dor. (*Derome*).

77. Poret (le P.), M. s. de sa main de trois pièces de théâtre,
dont une inédite, in-4, v. br.

78. Dibdin (Th. F.). The Library companion. *London*, 1824,
gr. in-8, dem. v. f.
> Première édition devenue rare d'un livre recherché en Angle-
> terre.

79. La vie et les faits merveilleux de Virgile (en anglais).
Londres, 1812, in-4, v. f. fil.
> Réimpression à petit nombre. Exemplaire avec envoi autogra-
> phe de M. Utterson, éditeur.

80. The harrowing of Hell, a miracle play of the reign of
Edward the second (publ. sur le ms. inédit). *London*, 1840,
in-4, dem.-rel. mar. vert tr. dor.

81. The Light of Brytaine. *London*, 1588. (*Réimpr. à Londres*
en 1814), in-4, cart.
> Avec un curieux portrait d'Elisabeth. Tiré à 135 exemplaires.
> L'un des 26 sur grand papier.

82. Heir followeth the coppie of the ressoning between the abbote of Crofraguell and John Knox, etc., *Edinburgh*, 1563, réimpr. en lett. gothique. *Edinburgh*, 1812, in-4, dem.-rel. v. non rogné.

83. The Italian novelists, selected by Th. Roscoë. *London*, 1836, 4 vol. in-8, dem.-rel. mar. violet, tr. sup. d., non rogné.

84. Huet (P. D.). Lettre de M. Huet, à M. de Segrais, de l'origine des romans. *A Paris, s. d.* (en 1670), in-8, v. br.

Première édition de ce traité. Exemplaire en parfait état. — C'est un tirage à part de l'édition originale de *Zayde*. M. Brunet dit qu'il n'en existe qu'un très-petit nombre d'exemplaires qui sont tous tellement rares que lui-même confesse n'en avoir jamais vu *qu'un seul exemplaire. (Brunet, iv, 361).*

85. Huet (P. D.) Traité de l'origine des romans, et lettre à mademoiselle de Scudéry sur Honoré Durfé. *Paris*, 1711, in-12, v. br.

Première édition de cette lettre.

86. Perrault (contes de) avec des moralitéz. *Paris, Gosselin*, 1724, in-12, *broché*.

Edition ancienne, rare dans cet état.

87. Bougeant (le P.). Voyages merv. du prince Fan-Férédin dans le pays de la romancie. *Paris*, 1735, in-8, v. marb.

88. Histoire tragique de Pandolphe, roy de Bohême et de Cellaria, sa femme, ensemble les amours de Doraste et de Faunia. *Amst.*, 1722, in-8, fig., v. br.

89. Fénelon. Les aventures de Télémaque, fils d'Ulysse. *S. l. n. d.* in-8, v. br.

Première édition COMPLÈTE. Elle est imprimée sans mention de lieu, de date, ni d'imprimeur. — C'est la réimpression en 80 pages du fragment de 208 pages de la veuve Barbin, et la PREMIÈRE ÉDITION en 250 pages du reste de l'ouvrage. — Exemplaire bien conservé et grand de marge.

90. Fénelon. Aventures de Télémaque, fils d'Ulysse. *Paris*, 1717, 2 vol. in-12, fig. v. br.

Edition en petits caractères, imprimée d'après les manuscrits de l'auteur. Elle est plus rare que celle en gros caractères, imprimée la même année et avec les mêmes figures de Bonnard. — Grandes marges et belles épreuves des figures. — Au commencement, le premier volume a besoin de réparations.

91. Critique des aventures de Télémaque. *Cologne,* 1701, 3 tom. en 1 vol. pet. in-12, vélin.

92. Le Sage. Le diable boiteux. *Paris, Damonneville,* 1756, 3 vol. in-18, v. br., fig.

  Exemplaire en grand papier fin.

93. Le Sage. Le diable boiteux (seul) même édition, mais en papier ordinaire, 2 vol. in-18, fig., v. br.

---

94. Bible de Mortier (en hollandais), 2 vol. gr. in-fol. avec figures, cart.

95. Classiques de Lefèvre. In-8, 10 vol. séparés (Molière, Lafontaine, Montaigne, etc.)

96. Montfaucon. Monuments de la Monarchie française. Tom. 1 à 4, in-fol. *grand papier.*

97. Révolution française. Recueil considérable (Environ 1000 à 1200 pièces). *Ce numéro pourra être divisé.*

98. Rétif de la Bretonne. Divers volumes séparés.

99. Vieux poëtes français et classiques, en éditions originales. *Volumes séparés.*

Estampes et Ouvrages à gravures.

100. CALLOT (Jacques). La Tentation de Saint-Antoine, fleuve au milieu, sans les vers au bas.

100 *bis*. — La même Tentation, avec les vers et armes au bas. (Cassure).

101. — Le Brelan. Manière noire; les Chars de l'Asie, etc., 2 pièces.

102. — Le Parterre du Palais de Nancy. Deuxième état. Belle épreuve.

103. — L'Eventail et le Pendant, trois danseurs et trois danseuses, 2 p.

104. — La grande Chasse; 1er état, avant le nom de Silvestre, et avec la chasse au sanglier visible au fond du bois, à droite. Belle épreuve.

105. — Les Bohémiens, 4 p. 2e état. Belles épreuves avec les vers au coin sup. de la pl. à gauche, et au bas, « *Callot fec.* »

106. — Le Jeu de Boules; 1er état, avec lointains bien marqués, et la même pl. avec lointains peu marqués. Deux pièces.

107. — Le Pont-Neuf, et une autre pièce.

108. — La petite Treille, épreuve nette et bien marquée.

109. — La Vie de l'Enfant prodigue, 11 p., 2e état. Belles épreuves.

110. — Les petites Misères de la Guerre, 7 p., 1er état, et les Deux Rencontres à l'épée et au pistolet, 2e état, en tout, 9 pièces.

111. — Diverses fig. grotesques, d'après Callot, par Bonnard, 12 p. et 6 pièces de *Balli di Sfessania*, en tout, 18 pièces.

112. Diverses vues de Florence, 6 p. Divers paysages, 8 p., en tout, 14 p.

113. — Saint Paul, assis, composant ses écrits. Belle épreuve.

114. — Le Combat à la Barrière, 10 p. Belles épreuves du premier tirage fait pour le poëme de H. Humbert, complet en 10 p., avec l'entrée du duc Charles, *comme le soleil*, et sans la 2e entrée, à pied. Cette 2e entrée avait été tirée avec le texte, au haut de la page 33, du livre de Humbert, et cette même planche n'a été tirée séparément que plus tard.

> Le poëme de H. Humbert, dont la valeur ne consiste que dans ces planches, dit Brunet, a été vendu 332 fr. à la vente de M. Van der Helle.

114 *bis.* — Cinq pièces du même combat à la Barrière, tirées en rouge. Rares.

115. — L'Entrée de S. Alt. le marquis de Moi, 1er état.

116. — Un Album in-folio, dem. rel., contenant 240 pièces de J. Callot, et 220 de Et. de la Belle, artistement montées. Entre autres, de Callot : La Noblesse de Lorraine, 12 p. — Capitano de' Baroni, 25 p. — Les Misères de la Guerre, 18 p. — Le nouv. Test. 11 p. — La Vie de l'Enfant prodigue, 11 p. — Balli di Sfessania, 24 p. — Varie fig. Gobbi, 18 p. — Martyrium Apostolorum, 16 p. — Vita et hist. B. M., 14 p. — Les Pénitents et les Pénitentes, 6 p. — Les sept Péchés capitaux. — Les quatre Paysages. — La Carrière de Nancy. — Les Supplices, etc., de De la Belle, des Siéges, Embarquements, Exercices, Ornementations, Paysages, etc., et 6 grav., vues des ruines de Rome, du Château Saint-Ange, etc., etc.

117. Franklin (Benjamin), en bonnet de loutre, d'après le portrait de C. N. Cochin, 1777. *Londres*, 1823, in-4.

117 *bis.* Le même en pied d'après Matheson. *New-York*, 1847.

118. Washington (Georges) en pied d'après Trumbull. *Londres*, 1796, à toutes marges.

118 *bis.* Le même en pied, d'après Stuart, par Sadd. New-York, s. d. toutes marges.

119. Lafayette (le gén.) en pied, d'après A. Scheffer, 1822.

120. Clay (Henri) *from life on stone* by Ch. Fenderick, Washington city. 1844, sur chine.

121. Le même. New-York, 1844, sur chine.

122. Le même, en pied par James Wise. Philadelphie, 1844.

123. Talhoun (J. C.), par Ch. Fenderick. Washington City,
1834, sur chine.

124. John Houston. John Filer. J. K. Polk, et W. H. Harrison,
sur chine, 4 pièces.

125. Webster (Daniel), par Johnson. Boston. s. d.

126. Le même, par Ch. Fenderick. Philadelphie, 1843.

127. Portraits des 9 prem. Présidents des Etats-Unis — sur
une même feuille — Dan. Webster. W. H. Harrison.
Z. Taylor et Wit Clinton. 5 pièces.

128. Portr. de John Adams. Boston, s. d. et John Quincy
Adams. Westpoint, 1826, — toutes marges — rares.
2 pièces.

129. Portr. de And. Jackson, W. H. Harrison, l'auteur de
Sam. Slick et Thos. H. Benton. 4 pièces.

130. Vues de New-York, 1848, et de la Nouvelle Orléans,
et chute du Niagara. 3 pièces.

131. Vues de Baltimore, Boston, Detroit, Mobile, Philadelphie (2), Westpoint, et la Chute du Niagara. 8 pièces.

132. Vues de Mexico, Bogota, Chute du Niagara, Maison de
Tassel, Chute de Trenton, Pont naturel en Virginie, Buf-
falo, Richmond et Troy, 9 pièces.

133. Duharme. Plan de Paris et ses fauxbourgs. *Paris*, 1770,
in-4 (titre mouillé).

134. Bosse (Abraham). Traité des pratiques géométrales et
perspectives, avec pratiques par figures. *Paris*, 1666, in-8,
gr. pap. nomb. figures.

135. Le Labyrinthe de Versailles. *Paris*, 1679, gr. pap. in-8,
v. b. (pet. raccommod. au titre).

136. Visconti (Ennio Quirino). Sculture del palazzo della villa
Borghese, detta Pinciana — et Monumenti Gabini. *Rome,*
1796-7. 3 vol. in-8 d. mar. vert.

> Première édition, tirée à petit nombre pour en faire des présents
> (voir Brunet), et qui n'a pas été mise dans le commerce.

137. Vues de Suisse (36), d'après dessins par J. Wetzel,
G. Lory fils, etc., 1828, pet. in-fol. dem. rel. mar. rouge.

138. H. B. 1615. 52 grav. de la Bible et l'hist. du Peuple de
Dieu, de la création du monde à la passion de J.-C.

139. Lucas de Leyde. Les sept vertus cardinales, 1530.
Epreuves un peu pâles, mais très-nettes, d'une suite
rare.

140. Galerie des femmes de Shakespeare. 45 portraits gravés
par les meilleurs artistes de Londres, enrichis de notes
littéraires. *Paris, Delloye, s. d.,* gr. in-8, pap. vél., mar.
vert orné, tr. d. (*Rel. anglaise*).

141. Holbein, par W. Hollar. Le Triomphe de la mort,
30 grav. avec explic. en français et en latin, portr. d'Holbein et d'Hollar. *S. l. n. d.,* in-8, veau fauve.

142. Franco (Giacomo), 15 grav. très-fines représentant les
dieux et héros de la Fable et leurs exploits et aventures
jusqu'à la fondation de Rome.

143. Vœnius (Othon). Vie de saint Thomas d'Aquin, 30 pl.,
y compris le titre, très-belles épreuves. *Anvers,* 1610,
in-4, cart.

144. Hogarth (Will). 2 pl. curieuses sur les spéculations
ridicules à la mer du Sud (système de Law) en 1720 et sur
la loterie, 2 pl.

145. Frontispices pour le livre de Tristam Shandy, 3 p.

146. Portrait de Napoléon Ier (Buonaparte), par J. Landseer,
d'après W.-M. Craig, in-folio. *Londres,* 1798. — Belle
épreuve à toutes marges avant l'adresse.

Paris. — Imprimé chez BONAVENTURE, quai des Augustins, 55.

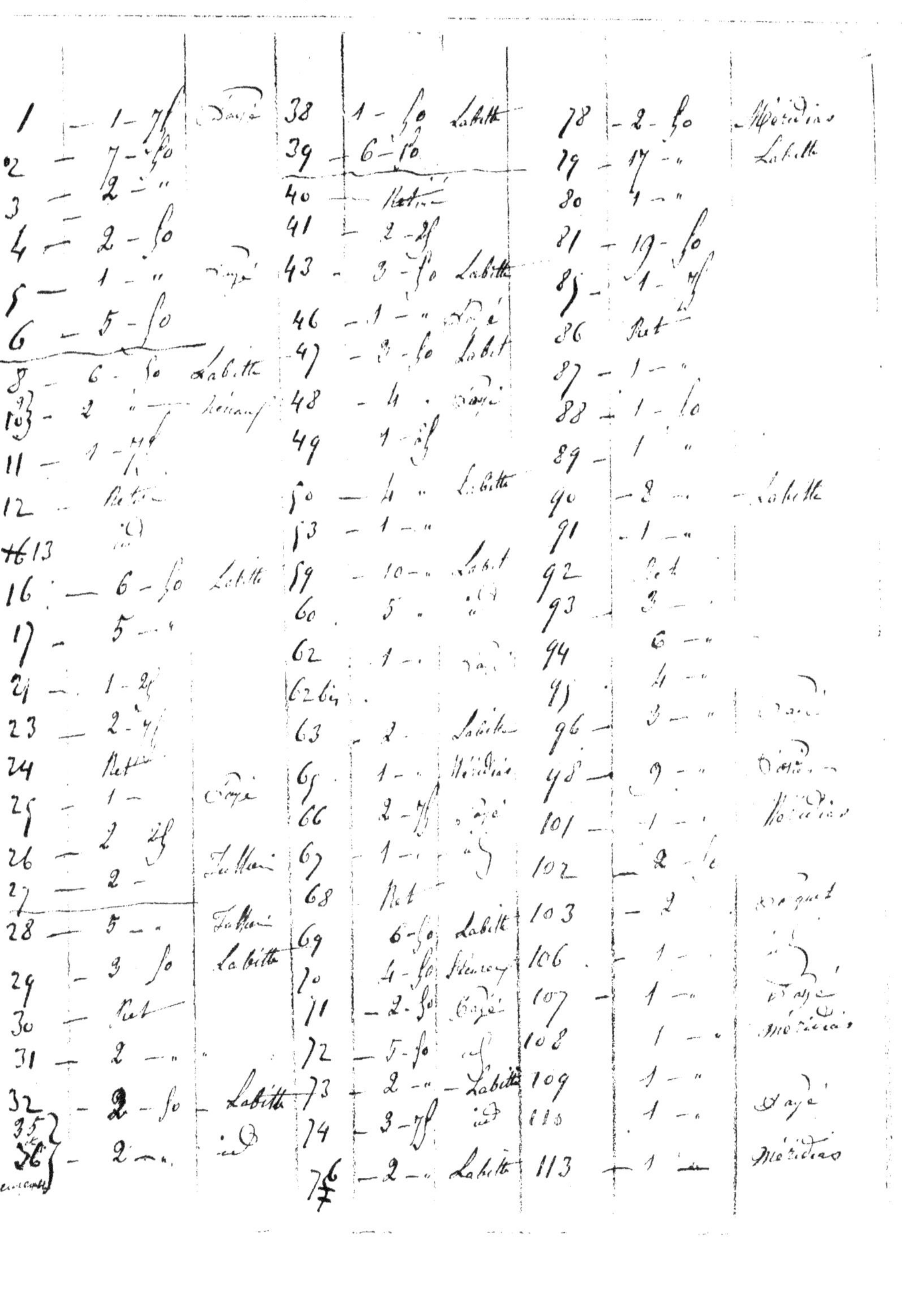

#			#			#		
1	— 1 – 7	Davie	38	1 – 50	Labitte	78	– 2 – 50	Méridies
2	— 7 – 50		39	6 – 50		79	17 – „	Labitte
3	— 2 – „		40	Ret.		80	4 – „	
4	— 2 – 50		41	2 – 2/		81	19 – 50	
5	— 1 – „	Davie	43	– 3 – 50	Labitte	85	– 1 – 2/	
6	— 5 – 50		46	– 1 – „	Davie	86	Ret.	
8	– 6 – 50	Labitte	47	– 3 – 50	Labitte	87	– 1 – „	
9 / 10	– 2 – „	Renaud	48	– 4 – „	Davie	88	– 1 – 50	
11	– 1 – 7/		49	1 – 2/		89	– 1 – „	
12	Ret.		50	– 4 – „	Labitte	90	– 2 – „	Labitte
13			53	– 1 – „		91	– 1 – „	
16	— 6 – 50	Labitte	59	– 10 – „	Labitte	92	Ret.	
17	5 – „		60	5 – „	„	93	3 – „	
21	— 1 – 2/		62	1 – „	Davie	94	6 – „	
23	— 2 – 7/		62 bis			95	4 – „	
24	Ret.		63	– 2 – „	Labitte	96	– 3 – „	Davie
25	— 1 – „	Davie	65	1 – „	Méridies	98	– 3 – „	Davie
	— 2 – 2/		66	2 – 7/	Davie	101	– 1 – „	Méridies
26	— 2 – „	Talhan	67	1 – „	„	102	– 2 – 50	
27	— 2 – „		68	Ret.		103	– 2 – „	Croquet
28	— 5 – „	Talhan	69	6 – 50	Labitte	106	– 1 – „	
29	– 3 – 50	Labitte	70	4 – 50	Fleuroy	107	– 1 – „	Davie
30	Ret.		71	– 2 – 50	Davie	108	– 1 – „	Méridies
31	2 – „		72	– 5 – 50	„	109	– 1 – „	
32	– 2 – 50	Labitte	73	– 2 – „	Labitte	110	– 1 – „	Davie
35 / 36	– 2 – „	„	74	– 3 – 7/	„	113	– 1 – „	Méridies
			76 / 77	– 2 – „	Labitte			

115	—	1	—	"			
117	—	15	—	"	Labille		
118	—	1	—	"			
119	—	2	fo		Labille		
120	—	Ret					
121							
122					Labille		
123	—	14	—				
126							
128	—	Ret					
129	—	2	—	"	Labille		
130		2	—	2f			
132		4	—	"			
137	—	2	fo				
138	—	5	—	"	Labille		
143		4	2f				
144	—	2	7f				
150		Ret					
153	—	14	fo				
157	—	2	2f				
160		1	—	"			
161	—	1	—				
162		1	—				
163		Retiré					
163 bis							
166	—	Ret					
167							
168		Ret					

176	—	1	—	fo	Sablot
176 bis					
177		1	fo		
181	—	12	fo		Levesque
186	—	1	—	"	Moleras
187					
189	—	1	—	"	
192	—	Ret			
193	—	1	—	"	
194	—	1	—	"